COLLECTION
CONNAÎTRE UNE ŒUVRE

ALBERT CAMUS

La Chute

Fiche de lecture

Les Éditions du Cénacle

© Les Éditions du Cénacle, 2020.

1 rue Honoré - 93500 Pantin.

ISBN 978-2-7593-0964-1

Dépôt légal : Octobre 2020

Impression Books on Demand GmbH

In de Tarpen 42

22848 Norderstedt, Allemagne

SOMMAIRE

• Biographie de Albert Camus.. 9

• Présentation de *La Chute*.. 15

• Résumé du roman... 21

• Les raisons du succès.. 27

• Les thèmes principaux.. 35

• Étude du mouvement littéraire................................... 43

• Dans la même collection... 47

BIOGRAPHIE DE ALBERT CAMUS

Albert Camus naît le 7 novembre 1913 dans une famille pauvre de la communauté française installée à Mondovi, ville d'Algérie répondant aujourd'hui au nom de Dréan. Son père perd la vie sur un champ de bataille en 1914. Sa mère, illettrée, représente pour l'écrivain une figure énigmatique à la fois distante et aimante.

De son enfance en Algérie, il garde la nostalgie de l'insouciance et du bonheur, de même que l'amour du soleil, de la mer et des paysages arides et embaumés de la Méditerranée tels qu'il les décrit amoureusement dans ses premiers essais réunis dans l'ouvrage *Noces*, publié à Alger en 1939, ainsi que dans certaines nouvelles de *L'Exil et le Royaume*.

Passionné de théâtre, Camus anime la compagnie Radio-Alger de 1936 à 1939. Il y déploie ses talents en tant qu'acteur, metteur en scène, directeur de troupe, scénographe, machiniste et souffleur. Il se sent à l'aise sur scène et nourrit toute sa vie le rêve de se consacrer principalement au théâtre. Il est notamment l'auteur des pièces *Le Malentendu*, *Caligula*, *Les Justes*, ainsi que d'une adaptation des *Possédés* de Dostoïevski.

Plusieurs figures importantes marquent à la fois sa vie et son œuvre : celle de son instituteur M. Germain, auquel il sera éternellement redevable d'avoir éveillé en lui un appétit pour la culture, et deux penseurs dont ses œuvres s'inspireront durablement : Nietzsche et Dostoïevski, qu'il considère comme l'écrivain qui « bien avant Nietzsche, a su discerner le nihilisme contemporain, le définir, prédire ses suites monstrueuses, et tenter d'indiquer les voies de salut ». Sans être croyant, la *Bible* fait aussi partie de ses ouvrages de référence.

En Algérie, il noue des amitiés étroites au lycée, puis entreprend des études de philosophie. Souffrant de la tuberculose, il ne peut pas se présenter à l'agrégation et commence à travailler à la veille de la Seconde Guerre mondiale pour le quotidien *Alger républicain*. En tant que journaliste profondément humaniste et engagé, il témoigne de la misère qui règne en Kabylie et s'insurge dans ses reportages contre les injustices dont sont victimes les habitants de cette région, exigeant des mesures concrètes pour y remédier. L'administration coloniale fait, notamment, l'objet de nombreuses critiques.

Lorsque le dernier numéro d'*Alger républicain* paraît en 1939, il suit son collaborateur Pascal Pia à Paris, où il l'assiste comme secrétaire de rédaction à *Paris-Soir*, puis clandestinement à la direction du journal résistant *Combat* à partir de 1943. La publication de *L'Étranger* et celle du *Mythe de Sisyphe* la même année, en 1942, lui valent une reconnaissance de son talent dès l'âge de trente ans.

Dans ses *Lettres à un ami allemand* rédigées en 1943, il entre en résistance contre l'absolutisme et l'idéologie des nazis, auxquels il oppose l'humanité et les idéaux de justice et de liberté communs au reste des Européens. Sa vision du monde pacifiste l'amène également à se montrer partisan d'une cohabitation heureuse des communautés française et algérienne. Dans ses *Chroniques algériennes*, publiées en 1958, il ne prend pas parti pour l'indépendance de sa terre natale déchirée par un conflit sanglant à partir de 1954, mais condamne la violence à laquelle s'adonnent les deux camps.

Dans son cycle de l'absurde, composé de deux récits – *L'Étranger*, et *Le Mythe de Sisyphe*, publiés en 1942 – et de ses pièces *Le Malentendu* (1944) et *Caligula* (1945), Camus témoigne de la confrontation entre l'homme et le monde ainsi que du paradoxe entre le désir profondément humain d'unité qui se voit nié par la diversité de l'univers qui l'entoure. Comme Nietzsche, il constate le silence de Dieu – sans pour autant nier catégoriquement son existence –, et lui reproche de rester insensible à la souffrance des hommes.

En proie à une grave crise intérieure liée entre autres à la création et à la maladie, l'écrivain entreprend deux voyages en Amérique du Nord et en Amérique du Sud en 1946 et 1949. Dans ses *Journaux de voyage*, il évoque ses rencontres, ses expériences, les conférences qu'il donne et sa découverte des grands espaces tout en partageant ses états d'âme.

En 1956, paraît *La Chute*, qui préfigure les nouvelles de *L'Exil et le Royaume* publiées un an plus tard. Le Prix Nobel de littérature est décerné à Camus en 1957 à Stockholm pour son cycle de la révolte réunissant *La Peste* (1947), sa pièce *Les Justes* (1949), et *L'Homme révolté* (1951). Dans le discours qu'il prononce à la remise du Prix le 10 décembre, l'écrivain rappelle le rôle essentiel de l'artiste « au service de la vérité et de la liberté ».

Albert Camus entreprend un roman en grande partie autobiographique, *Le Premier Homme*, lorsqu'il trouve la mort à quarante-sept ans dans un accident de voiture, le 4 janvier 1960.

PRÉSENTATION DE LA CHUTE

La Chute paraît pour la première fois en 1956 aux éditions Gallimard, quelques mois avant la remise du Prix Nobel à son auteur. Lorsqu'il rédige ce court roman, Camus se trouve préoccupé par les événements de la guerre d'Algérie et en proie à des crises d'anxiété : la peur de perdre son inspiration créatrice le taraude. Initialement intégrée au recueil *L'Exil et le Royaume*, *La Chute* devient finalement un écrit indépendant, dont la longueur conséquente et le ton singulier tranchent avec les nouvelles de *L'Exil et le Royaume*.

Un ancien avocat parisien maîtrisant l'art de la rhétorique à la perfection prend la parole. De la première à la dernière page, il mène un monologue qui enferme le lecteur dans sa perspective. Une situation inconfortable, semblable à celle du « malconfort » décrite dans le cinquième chapitre du livre, en résulte : tout comme la personne à laquelle Clamence se confesse, le lecteur ne sait s'il peut se fier à cet homme qui se livre à lui et l'interpelle. Il ne dispose d'aucun autre point de vue qui pourrait relativiser celui du personnage principal.

Composée de six chapitres non numérotés, *La Chute* se concentre en fait sur cinq journées de conversations entre Clamence et son interlocuteur qui rappellent les cinq actes d'une tragédie au centre de laquelle trône la notion de culpabilité. L'épisode de la noyade occupe en effet le cœur de l'ouvrage, qui peut lui-même être divisé en deux parties sensiblement égales : l'avant-noyade, placée sous le signe de l'innocence et de la frivolité, et l'après-noyade, marquée du sceau de la culpabilité et de la condamnation. Cette structure attire l'attention sur le traumatisme engendré par le suicide d'une inconnue et le bouleversement qu'il a signifié dans la vie du protagoniste.

Dans son « prière d'insérer » accompagnant l'édition de 1956, Camus donne des pistes de lecture importantes pour l'interprétation de son récit et met d'emblée le lecteur en garde contre les intentions du narrateur, précisant que « l'homme qui parle dans *La Chute* se livre à une confession calculée ». Plus loin, il ajoute : « Il a le cœur moderne, c'est-à-dire qu'il ne peut supporter d'être jugé. Il se dépêche donc de faire son propre procès mais c'est pour mieux juger les autres. Le miroir dans lequel il se regarde, il finit par le tendre aux autres. » L'auteur résume ainsi l'une des problématiques qui sous-tendent le livre : « Où commence la confession, où l'accusation ? Celui qui parle dans ce livre fait-il son procès ou celui de son temps ? » Il conclut ainsi : « Une seule vérité en tout cas, dans ce jeu de glaces étudié : la douleur, et ce qu'elle promet. »

L'œuvre peut donc se lire comme le procès d'une époque où l'innocence a définitivement disparu. L'homme moderne est d'office coupable et doit répondre de ses actes. Dans la première partie de l'ouvrage, l'auteur livre par le biais du protagoniste un portrait peu flatteur de l'homme contemporain : personnage égoïste et imbu de lui-même, celui-ci s'adonne aux plaisirs et aux divertissements en oubliant toute notion de justice et de responsabilité. La confession de Clamence prend la forme d'une invitation à s'auto-examiner sans complaisance pour analyser nos actes et prendre conscience de leur poids en adoptant comme lui le rôle de juge-pénitent.

Pour aller à l'essentiel, l'écrivain recourt à une forme courte proche de celle du théâtre : le récit se compose en effet de plusieurs actes, et le personnage principal montre un goût prononcé pour le discours et la mise en scène. Certains critiques ont vu dans cet écrit l'expression d'un profond malaise de l'écrivain désillusionné par l'idéologie prégnante de son époque, par sa rupture avec Sartre, et par un conflit déchirant l'Algérie, dont l'issue paraît incertaine. Dans *La Nouvelle Revue de Lausanne* datant du 26 juin 1956, Philippe Jacottet précise cependant : « Il est évident que le portrait de Clamence n'est pas un autoportrait de Camus ; mais cette confession est nourrie malgré tout de l'expérience de celui-ci ; la lucidité amère avec laquelle il envisage ce qu'il peut y avoir en lui de mensonger ou même de lâche a quelque chose de poignant qui force le respect une fois de plus. »

RÉSUMÉ DU ROMAN

Chapitre 1 – Première journée

Dans un bar malfamé d'Amsterdam, le *Mexico-City*, Jean-Baptiste Clamence lie connaissance avec un Français de passage. Avec une ironie acerbe, il dénonce les apparences et dérives du monde moderne. Puis, il se présente : anciennement Parisien et avocat, il exerce désormais l'étrange profession de « juge-pénitent ». Serviable, il raccompagne son interlocuteur à son hôtel. Il évoque son amour pour la Hollande, un pays « double » cerné par le brouillard, avant de se séparer abruptement de son compagnon : il s'est promis de ne plus franchir un pont la nuit pour éviter d'être confronté à une noyade. Rendez-vous est pris pour le lendemain.

Chapitre 2 – Deuxième journée

Clamence dévoile à son interlocuteur des pans de son passé. En tant qu'avocat parisien admiré de tous, il se faisait un plaisir de défendre les causes nobles. Paris s'apparente désormais à un paradis perdu, à une époque où tout lui souriait, aussi bien professionnellement qu'amoureusement. En parfait accord avec lui-même, il avait le sentiment de régner sur le commun des mortels. Jusqu'à ce soir d'automne, où sur le pont des Arts, il a entendu dans son dos un rire venu de nulle part. Contrarié, il est rentré chez lui et s'est regardé dans un miroir. Son sourire lui a paru alors double.

Chapitre 3 – Troisième journée

Jean-Baptiste poursuit ses confidences. Ce rire a eu raison de son unité en lui ouvrant les yeux sur son orgueil et la vanité de son existence. Deux aventures ont ravivé sa mémoire en lui renvoyant une image de ce qu'il est vraiment, lui qui avait jusque-là coutume d'oublier tout. Un incident avec un automobiliste l'humilie publiquement, et une mésaventure amoureuse le pousse à avilir une femme pour garder l'honneur sauf. C'est alors qu'il se souvient : deux ou trois ans avant d'entendre le rire sur le pont des Arts, il a vu de loin une jeune femme se jeter depuis le pont Royal dans la Seine. Paralysé par le froid, il n'a rien entrepris pour la secourir.

Chapitre 4 – Quatrième journée

Le récit du passé de Clamence se prolonge sur une île du Zuyderzee, dans un décor assimilé à l'enfer. À partir du moment où le protagoniste a pris conscience de sa dualité, il a continué d'oublier ses fautes tout en jugeant les autres. Menant en apparence la même vie heureuse et insouciante qu'auparavant, il n'a perçu au fond de lui que les dissonances et s'est senti livré au jugement d'autrui. Pour ne plus jouer la comédie et dénoncer la duplicité humaine, il s'est mis à tout tourner en dérision. En se rendant volontairement odieux, il a abîmé l'image d'honnête homme qu'il renvoyait jusque-là.

Chapitre 5 – Le même jour

Sur le bateau qui les ramène à Amsterdam, Clamence se remémore la beauté et la pureté de la Grèce avant de reprendre son récit. Pour guérir de son mal, il a cherché en vain l'amour. Désillusionné, il s'est alors livré à la débauche avant de sombrer dans le « malconfort ». Il a finalement admis sa culpabilité en se convainquant que tous les hommes sont coupables, à l'instar du Christ. Ce dernier a en effet donné l'exemple en expiant sur la croix une faute dont il se sentait responsable : le massacre des enfants de Judée.

Chapitre 6 – Le cinquième jour

Malade et fiévreux, Clamence reçoit son invité dans sa chambre. Il lui avoue avoir caché *Les juges intègres*, un tableau de Van Eyck, dans un placard. Il explique ensuite en quoi consiste sa « profession » : il confesse aux autres des fautes que chacun pourrait avoir commises, implique son vis-à-vis, puis retourne le miroir afin que chacun puisse s'accuser à son tour. De pénitent, il devient juge et se libère ainsi de ses fautes. Chaque fois qu'il aborde un « client », il dit espérer que ce sera un policier qui l'arrêtera pour le recel du tableau. Mais son attente est encore une fois déçue : son interlocuteur se révèle être un avocat comme lui.

LES RAISONS DU SUCCÈS

Le XXe siècle est marqué par de nombreuses tragédies dans lesquelles s'inscrivent l'œuvre et la vie de Camus. Orphelin de père dès le début de la Première Guerre mondiale, il assiste, déchiré, à trois autres conflits majeurs qui le touchent de près et questionnent l'artiste, ses valeurs humanistes ainsi que son identité : à la Seconde Guerre mondiale succèdent en effet la guerre d'Algérie et la Guerre Froide.

En tant qu'écrivain engagé, il considère comme son devoir de prendre position sur les sujets majeurs de son temps et s'interroge comme les intellectuels de son époque sur le sens de l'existence et le rapport de l'homme au monde. Cette dimension de son œuvre transparaît clairement dans *La Chute*, où Clamence s'intéresse à la notion de justice et à la responsabilité de l'homme moderne. Dans le deuxième chapitre, le narrateur évoque ainsi avec une grande ironie les crimes commis par les nazis à Amsterdam pour mieux en souligner l'atrocité : « Moi, j'habite le quartier juif, ou ce qui s'appelait ainsi jusqu'au moment où nos frères hitlériens y ont fait de la place. Quel lessivage ! Soixante-quinze mille juifs déportés ou assassinés, c'est le nettoyage par le vide. J'admire cette application, cette méthodique patience ! » Et dans le cinquième chapitre, son verdict est sans appel : « Puisque nous sommes tous juges, nous sommes tous coupables les uns devant les autres, tous christs à notre vilaine manière, un à un crucifiés, et toujours sans savoir. » En rappelant au lecteur des chapitres de l'histoire peu reluisants pour l'humanité et en le plaçant dans la position de se juger, il l'invite à un examen de conscience et l'exhorte à se sentir comme lui responsable du cours des événements et des maux de son époque.

En 1943, Camus fait une rencontre décisive : celle de Jean-Paul Sartre. L'amitié initiale des deux hommes va se transformer au fil du temps en une rivalité, puis en une confrontation féroce reposant sur une vision du monde divergente. S'il se rapproche dans un premier temps de Sartre et de sa philosophie, Camus n'adhère pas pour autant à l'existentialisme tel que l'entend le philosophe. Dans une déclaration publiée par le journal *Servir* en 1945, il se démarque clairement de cette pensée : « L'existentialisme a deux formes : l'une avec Kierkegaard et Jaspers débouche dans la divinité par la critique de la raison, l'autre, que j'appellerai l'existentialisme athée, avec Husserl, Heidegger et bientôt Sartre, se termine aussi par une divinisation, mais qui est simplement celle de l'histoire, considérée comme le seul absolu. » Pour Camus, la vie humaine tire sa grandeur de la confrontation de l'homme avec le monde dans la pleine conscience du caractère absurde de l'existence. Dans *L'Homme révolté*, paru en 1951, il invite par conséquent l'homme à se rebeller en relevant à chaque instant le défi d'affronter ce qui le dépasse et en multipliant les expériences avec passion pour se sentir vivre et ressentir pleinement sa liberté. Or, cette conception de la révolte donne lieu à un véritable règlement de compte entre Sartre et Camus publié dans *Les Temps modernes*.

Toujours est-il que des questions existentielles occupent le centre de *La Chute* : le suicide de la jeune femme, c'est-à-dire sa chute physique, y joue un rôle décisif et peut être interprété de diverses manières. On peut en effet y voir l'incapacité de cette femme à trouver un sens à son existence et sa renonciation à l'obligation de vivre. Dans *Le Mythe de Sisyphe*, Camus écrit en effet que « mourir volontairement suppose que l'on a reconnu le caractère dérisoire de l'habitude, de cette agitation quotidienne insensée et de l'inutilité de la souffrance ». Confrontée à l'absurdité de sa vie, cette inconnue choisit une mort non naturelle et refuse de subir une souffrance qu'elle juge inutile. Son acte peut aussi être perçu comme une marque de courage, puisqu'elle reconnaît et admet l'inéluctable fatalité de son destin. En même temps, sa disparition révèle à Clamence sa propre nature : en se figeant dans l'immobilisme et en refusant de lui porter secours, il fait preuve de lâcheté et s'enferme dans la prison de la culpabilité. L'innocence disparaît à jamais. Et cette mort l'amène à prendre à son tour conscience du vide de l'existence qu'il a menée jusqu'ici, sans qu'il arrive pour autant à en combler les manques. Mais contrairement à la jeune femme, Clamence aime trop la vie pour la quitter volontairement et choisit de se rebeller contre l'absurdité. Il opte pour l'humilité : en acceptant sa condition d'être humain condamné à la souffrance et à la mort, en descendant de son piédestal pour examiner ses faiblesses et en adoptant la position de juge-pénitent, le protagoniste trouve la seule voie qui lui reste pour jouir de la vie. Après avoir adopté la position de juge, il accepte d'être jugé par autrui… pour juger à son tour. Cette sorte de cycle constitue le socle sur lequel repose l'existence du Jean-Baptiste Clamence exilé aux Pays-Bas. L'antihéros ne confesse ses fautes que pour mieux se convaincre qu'elles sont celles de l'humanité entière et renouer avec sa vraie nature.

En même temps, Camus condamne les idéologies collectives à travers les propos amers de son personnage : « On ne vous pardonne votre bonheur et vos succès que si vous consentez généreusement à les partager. Mais pour être heureux, il ne faut pas trop s'occuper des autres. Dès lors, les issues sont fermées. Heureux et jugé, ou absous et misérable. » *La Chute* peut en effet aussi se lire comme un règlement de compte personnel : Camus y fait le procès du personnage qu'on lui a attribué de manière à faire ressortir les injustices dont il a été victime. Dans un article publié par *Libération* le 2 janvier 2010, Philippe Lançon rappelle en effet que « *La Chute* est une conséquence réussie de la solitude et du "mépris de lui-même" qu'il [Camus] éprouva. Il ne cessera plus de remâcher les griefs qu'il suscite : à un écrivain tel que lui, "une certaine droite reprochera de signer trop de manifestes, la gauche […] de n'en pas signer assez. La même droite lui reprochera d'être un humanitaire, la gauche un aristocrate. La droite l'accusera d'écrire trop mal, la gauche trop bien. Restez un artiste ou ayez honte de l'être, parlez ou taisez-vous, et, de toute manière, vous serez condamné." La transe camusienne qui vient ne permettra guère à la plupart de comprendre quelle solitude fut la sienne, au moment même où il était le plus célèbre ».

Si la critique accueille de manière plutôt favorable *La Chute* en soulignant l'originalité de son style et ses qualités littéraires qui en font l'une des œuvres les plus réussies de l'écrivain, le récit suscite aussi des interrogations et provoque un certain malaise. Dans un article paru dans *Le Monde* le 30 mai 1956, Emile Henriot s'étonne ainsi de la position adoptée par l'auteur : « *La Chute*, le nouveau récit de M. Albert Camus, est naturellement du très bon Camus. Mais ce livre crée une gêne. Nous pensions l'auteur sur la voie de la vie admise et d'un certain apaisement. Il semblait ramené à l'espoir, à une conception moins désolante du destin de l'homme. (…) Que s'est-il passé ? Je le vois, dans *La Chute*, revenir au sombre désespoir qui lui a fait écrire dans *L'Étranger* l'histoire d'un homme isolé coupé de tout, étranger à ce qui l'entoure (…) » Dans *Le Figaro littéraire* paru le 26 mai 1956, André Rousseaux souligne lui aussi l'âpreté qui caractérise l'ouvrage tout en rendant hommage à sa quête de vérité : « Quelle dure fidélité à soi-même, dans ce nouveau livre d'Albert Camus ! Quelle exigence de vérité, de plus en plus tenace, de plus en plus implacable. La lecture de *La Chute* a fait lever en moi le souvenir des pages les plus âpres de *L'Étranger* ou du *Malentendu* : celles où il est formulé en syllabes de fer que notre monde, prisonnier de ses fautes, en porte à jamais le poids inévitable autant qu'inutile. La dernière page tournée, je cherche un mot, un seul mot, qui perce dans les murs de cette prison une ouverture vers un peu de ciel. Trois pages avant la fin, il y a eu comme un appel à cette échappée libératrice. Le héros du livre, l'homme qui vient de proférer le long monologue que Camus lui a prêté, se souvient de cette parole d'un misérable : « Ah ! monsieur, ce n'est pas qu'on soit mauvais homme mais on perd la lumière. » Et d'ajouter : « Oui, nous avons perdu la lumière, les matins, la sainte innocence de celui qui se pardonne à lui-même. » Pour éviter tout malentendu et démentir des propos tenus par certains critiques, Camus précise peu après la parution de son livre que son récit ne signifie aucunement une adhésion au catholicisme : « Mon juge-pénitent ne dit-il pas clairement qu'il est Sicilien et Javanais ? Pas chrétien pour un sou. Comme lui j'ai beaucoup d'amitié pour le premier d'entre eux. J'admire la façon dont il a vécu, dont il est mort. Mon manque d'imagination m'interdit de le suivre plus loin. Voilà, entre parenthèses, mon seul point commun avec ce Jean-Baptiste Clamence auquel on s'obstine à vouloir m'identifier. Ce livre, j'aurais voulu pouvoir l'intituler : *Un héros de notre temps.* »

LES THÈMES PRINCIPAUX

Le thème majeur qui parcourt *La Chute* est sans nul doute celui de la culpabilité. En apparence rongé par son passé et par le remords, le narrateur n'a de cesse de s'accuser afin de mieux se faire pardonner, et le vocabulaire juridique propre à la plaidoirie jalonne l'ouvrage. En tant qu'ancien avocat et juge maîtrisant à la perfection les rouages de la justice, Clamence fait le procès de l'homme moderne qu'il était et des travers qui caractérisaient son existence. Afin de mieux amadouer et captiver son public – le lecteur et son interlocuteur fictif – il recourt régulièrement aux digressions et se plaît à mêler passé et présent : le Jean-Baptiste actuel juge et condamne le Jean-Baptiste qu'il n'est plus. Il pique à plusieurs reprises notre curiosité en utilisant des formulations énigmatiques dont la signification sera dévoilée plus tard, au fil de sa confession. Ainsi, il se plaît à constater au début du deuxième chapitre : « Qu'est-ce qu'un juge-pénitent ? Ah ! Je vous ai intrigué avec cette histoire. Je n'y mettais aucune malice, croyez-le, et je peux m'expliquer plus clairement. Dans un sens, cela fait même partie de mes fonctions. » Difficile de croire ici à l'« innocence » de Jean-Baptiste. Le lecteur sent obscurément que celui-ci cherche à manipuler son auditoire et choisit à dessein chaque mot de son discours, d'autant plus qu'il ne se confesse pas pour la première fois. Le nom de « Clamence » n'a d'ailleurs pas été choisi par hasard : en se confessant, l'ancien avocat espère bien acquérir de notre part et de lui-même une certaine clémence de nature à adoucir son existence. « Clamence » renvoie également à l'expression latine « *Vox clamantis in deserto* » : le prédicateur Jean-Baptiste essaie tant bien que mal de faire entendre sa voix dans le désert. Dans le cinquième chapitre, il explique en effet à son interlocuteur : « Dans la solitude, la fatigue aidant, que voulez-vous, on se prend volontiers pour un prophète. Après tout, c'est bien là que je suis, réfugié dans un désert de pierres, de brumes et d'eaux pourries, prophète vide pour temps médiocres (…) »

Un thème étroitement lié à celui de la culpabilité est celui de la duplicité. Tout au long de son monologue, Jean-Baptiste Clamence dénonce en effet les apparences et l'hypocrisie de l'homme en faisant preuve d'une ironie amère. Dans le deuxième chapitre, il acte la dualité intrinsèquement humaine : « L'homme est ainsi, cher monsieur, il a deux faces : il ne peut pas aimer sans s'aimer. » Il fait ainsi tomber au fil de son récit les différents masques qu'il a revêtus dans sa carrière d'avocat parisien en quête de gloire et de reconnaissance pour faire jaillir la vérité. Derrière sa générosité affichée au grand jour se cachaient en fait l'orgueil et le mépris : Jean-Baptiste avocat n'avait pas le cœur sur la main, il avait « le cœur sur les manches » de sa robe d'avocat, celles que le public pouvait admirer. Sa vie parisienne s'apparentait à une pièce de théâtre dans lequel il jouait le rôle principal à la perfection. À l'inconnu auquel il se confesse, il expose les motivations profondes qui l'animaient à l'époque : « Mais voilà, j'étais du bon côté, cela suffisait à la paix de ma conscience. Le sentiment du droit, la satisfaction d'avoir raison, la joie de s'estimer soi-même, cher monsieur, sont des ressorts puissants pour nous tenir debout et nous faire avancer. » Le narrateur met ainsi à mal un grand nombre de valeurs qui suscitent habituellement l'admiration : l'amour, la justice, la solidarité, la générosité, l'amitié, tous ces piliers fondamentaux s'avéraient dans son cas pur calcul et de simples façades destinées à donner aux autres et à soi-même une apparence flatteuse de sa personne. Dans le quatrième chapitre, il confesse : « Toujours est-il qu'après de longues études sur moi-même, j'ai mis au jour la duplicité profonde de la créature. J'ai compris alors à force de fouiller dans ma mémoire, que la modestie m'aidait à briller, l'humilité à vaincre et la vertu à opprimer. » C'est le rire que Jean-Baptiste entend dans son dos après le suicide auquel il assiste immobile et impuissant qui vient fissurer cette belle image qu'il avait et nourrissait de lui-même et met fin à la « bonne conscience » qu'il entretenait jusque-là. Peu à peu, il prend la mesure de sa dualité, et cette conscience aigüe de sa duplicité l'empêche de retrouver son mode de vie d'antan.

Comme dans le recueil *L'Exil et le Royaume* auquel *La Chute* était à l'origine rattachée, on retrouve dans le récit de nombreuses références à la *Bible*. Le choix du prénom du protagoniste est en effet loin d'être anodin : « Jean-Baptiste » reprend explicitement l'identité du prophète qui prêche dans le désert et tente de rallier des disciples à sa cause en leur annonçant la venue d'un personnage plus important que lui. Ici, Jean-Baptiste Clamence prêche seul dans un bar peu fréquenté d'Amsterdam et essaie d'amener – comme le fait le prophète – son auditoire à la repentance en lui tendant un miroir de ses péchés. Mais au lieu d'annoncer l'arrivée de Jésus ou une bonne nouvelle, il est porteur d'un sombre message : l'innocence n'existe pas, et l'existence de l'homme moderne est placée sous le signe de l'Enfer et de la culpabilité. Cet enfer se trouve d'ailleurs symbolisé par l'atmosphère hollandaise telle que la dépeint Jean-Baptiste dans le quatrième chapitre : « Voilà, n'est-ce pas le plus beau des paysages négatifs ! Voyez, à notre gauche, ce tas de cendres qu'on appelle ici une dune, la dune grise à notre droite, la grève livide à nos pieds et, devant nous, la mer couleur de lessive faible, le vaste ciel où se reflètent les eaux blêmes. Un enfer mou, vraiment ! » Les eaux dont parle Jean-Baptiste ne sont pas sans rappeler celles du Styx, et même la mer n'offre aucun espoir d'évasion – contrairement aux eaux grecques limpides : le protagoniste qualifie le Zuyderzee de « mer morte, ou presque ». Les colombes sont condamnées à rester dans le ciel car elles ne voient aucune tête pure sur laquelle se poser : l'innocence qu'elles symbolisent se trouve reléguée loin dans le ciel. C'est dans cet environnement infernal que Jean-Baptiste, chassé du royaume lumineux parisien par le sentiment de la culpabilité et la conscience de sa duplicité, a choisi de s'exiler et de s'auto-flageller.

L'œuvre de Camus est placée sous le signe de la verticalité, comme l'indique d'emblée le titre : *La Chute*. Dans le deuxième chapitre, le narrateur détaille longuement son goût des hauteurs qui correspondait à son besoin de dominer, et de régner sur les autres : « Après tout, vivre au-dessus reste encore la seule manière d'être vu et salué du plus grand nombre », constate-t-il. Selon lui, seuls les rapports de force et l'hypocrisie règlent les relations humaines, car « chaque homme a besoin d'esclaves comme d'air pur ». Plusieurs anecdotes illustrent cette propension à diriger et le sentiment qu'il avait de vivre « librement, dans une lumière édénique ». Lorsqu'il exerçait sa profession d'avocat dans la Ville Lumière, il se sentait comme le prophète « désigné » pour vivre et apporter le bonheur : « Je ne pouvais croire que la réunion, en une personne unique, de qualités si différentes et si extrêmes, fût le résultat du seul hasard. C'est pourquoi, vivant heureux, je me sentais, d'une certaine manière, autorisé à ce bonheur par quelque décret supérieur », avoue-t-il. La chute de ce paradis occasionnée par l'épisode de la noyade n'en n'est que plus rude, et ce n'est pas un hasard si Jean-Baptiste se retrouve finalement aux Pays-Bas, où nulle élévation n'est possible et où l'horizon se confond avec le brouillard et la terre. Il y côtoie des êtres à la mine patibulaire, des criminels comme lui. Il se voit comme tous ses compatriotes aux portes de Satan. Cette descente aux Enfers est signalée par deux ponts dont le protagoniste chute tour à tour symboliquement. Le « Pont des Arts », tout d'abord, où il sent monter en lui « un vaste sentiment de puissance » juste avant d'entendre un rire derrière lui qui le fait choir moralement. En écho au nom du pont, ce rire surgi de nulle part le renvoie au rôle de comédien qu'il joue dans la vie. Jean-Baptiste précise que « c'était un bon rire, naturel, presque amical, qui remettait les choses en place ». C'est cette dernière caractéristique qui rend ce rire d'autant plus destructeur, et c'est la raison pour laquelle le sourire qu'il s'adresse peu après dans la glace lui paraît double. Deux ou trois ans auparavant, il assiste sur le pont Royal au suicide d'une jeune femme. Là encore, c'est un bruit sourd dans son dos qui l'alerte : cette fois-ci, celui d'un corps qui s'abat brusquement sur la Seine accompagné d'un cri. Transi et surpris, il reste immobile avant de poursuivre sa route sans prévenir personne. Sa perte d'estime et sa chute morale l'empêchent ensuite de se sentir roi ou « royal » et l'image qu'il avait de lui-même ne cesse de se ternir au fil du temps malgré ses nombreuses tentatives pour échapper au sentiment de culpabilité et au jugement. Il s'enfonce dans la lâcheté : « Ni le lendemain, ni les jours qui suivirent, je n'ai lu les journaux », nous confie-t-il.

ÉTUDE DU MOUVEMENT LITTÉRAIRE

L'existentialisme est un courant philosophique et littéraire qui considère l'individu comme entièrement responsable du sens et de l'essence de son existence. En tant qu'acteur, l'homme fait des choix qui l'engagent et déterminent le cours de sa vie. Ses actes et ses valeurs ne sont par conséquent pas prédéterminés par une idéologie, une doctrine théologique ou une morale. La question du choix s'avère en effet prépondérante, car c'est la liberté de choisir qui distingue l'homme de l'animal ou de la plante. En opérant des choix, l'homme crée sa propre nature. Le choix occupe une place centrale dans son existence, et il s'avère inéluctable : même le refus du choix est en soi un choix qui engage l'être humain.

Bien que déjà présente au XIXe siècle dans les œuvres de Kierkegaard, Nietzsche, Kafka et Dostoïevski, l'approche existentialiste ne prend une forme explicite qu'à partir du XXe siècle dans la philosophie continentale. En Allemagne, elle se constitue comme courant de pensée dans les années 1930 avec les travaux de Karl Jaspers et Martin Buber. En France, c'est Jean-Paul Sartre qui pose les jalons du courant dans les années 1950 en affirmant à la manière de Descartes : « L'existence précède l'essence. »

Camus met quant à lui l'accent sur le paradoxe fondamental qui caractérise la vie humaine. En 1942, il développe dans son essai *Le Mythe de Sisyphe* sa propre théorie personnelle, une approche de l'absurde dont il donne la définition suivante : « L'absurde naît de cette confrontation entre l'appel humain et le silence déraisonnable du monde. » Il fait ainsi le constat d'un divorce qui oppose le désir essentiellement humain d'unité et de clarté à la diversité et à l'hostilité du monde qui l'entoure. Vivre dans l'absurde consiste selon lui à vivre en ayant conscience de ce paradoxe, sans nourrir l'espoir d'y échapper par quelque subterfuge, notamment par le biais du suicide – qui signifierait l'abolition de la conscience –, ou du repli dans la foi religieuse, qui reviendrait à s'extraire du monde.

Mais faire l'expérience de l'absurde ne signifie pas pour autant se résigner passivement à cette condition. Pour Camus, la vie humaine tire sa grandeur de la confrontation de l'homme avec le monde dans la pleine conscience du caractère absurde de l'existence. Dans *L'Homme révolté*, paru en 1951, il invite par conséquent le lecteur à se rebeller en relevant à chaque instant le défi d'affronter ce qui le dépasse et en multipliant les expériences avec passion pour se sentir vivre et pour ressentir pleinement sa liberté.

DANS LA MÊME COLLECTION
(par ordre alphabétique)

- **Anonyme**, *La Farce de Maître Pathelin*
- **Anouilh**, *Antigone*
- **Aragon**, *Aurélien*
- **Aragon**, *Le Paysan de Paris*
- **Austen**, *Raison et Sentiments*
- **Balzac**, *Illusions perdues*
- **Balzac**, *La Femme de trente ans*
- **Balzac**, *Le Colonel Chabert*
- **Balzac**, *Le Lys dans la vallée*
- **Balzac**, *Le Père Goriot*
- **Barbey d'Aurevilly**, *L'Ensorcelée*
- **Barbey d'Aurevilly**, *Les Diaboliques*
- **Bataille**, *Ma mère*
- **Baudelaire**, *Les Fleurs du Mal*
- **Baudelaire**, *Petits poèmes en prose*
- **Beaumarchais**, *Le Barbier de Séville*
- **Beaumarchais**, *Le Mariage de Figaro*
- **Beauvoir**, *Mémoires d'une jeune fille rangée*
- **Beckett**, *Fin de partie*
- **Brecht**, *La Noce*
- **Brecht**, *La Résistible ascension d'Arturo Ui*
- **Brecht**, *Mère Courage et ses enfants*
- **Breton**, *Nadja*
- **Brontë**, *Jane Eyre*
- **Camus**, *L'Étranger*
- **Carroll**, *Alice au pays des merveilles*
- **Céline**, *Mort à crédit*
- **Céline**, *Voyage au bout de la nuit*

- **Chateaubriand**, *Atala*
- **Chateaubriand**, *René*
- **Chrétien de Troyes**, *Perceval*
- **Cocteau**, *Les Enfants terribles*
- **Colette**, *Le Blé en herbe*
- **Corneille**, *Le Cid*
- **Crébillon fils**, *Les Égarements du cœur et de l'esprit*
- **Defoe**, *Robinson Crusoé*
- **Dickens**, *Oliver Twist*
- **Du Bellay**, *Les Regrets*
- **Dumas**, *Henri III et sa cour*
- **Duras**, *L'Amant*
- **Duras**, *La Pluie d'été*
- **Duras**, *Un barrage contre le Pacifique*
- **Flaubert**, *Bouvard et Pécuchet*
- **Flaubert**, *L'Éducation sentimentale*
- **Flaubert**, *Madame Bovary*
- **Flaubert**, *Salammbô*
- **Gary**, *La Vie devant soi*
- **Giraudoux**, *Électre*
- **Giraudoux**, *La Guerre de Troie n'aura pas lieu*
- **Gogol**, *Le Mariage*
- **Homère**, *L'Odyssée*
- **Hugo**, *Hernani*
- **Hugo**, *Les Misérables*
- **Hugo**, *Notre-Dame de Paris*
- **Huxley**, *Le Meilleur des mondes*
- **Jaccottet**, *À la lumière d'hiver*
- **James**, *Une vie à Londres*
- **Jarry**, *Ubu roi*
- **Kafka**, *La Métamorphose*
- **Kerouac**, *Sur la route*
- **Kessel**, *Le Lion*

- **La Fayette**, *La Princesse de Clèves*
- **Le Clézio**, *Mondo et autres histoires*
- **Levi**, *Si c'est un homme*
- **London**, *Croc-Blanc*
- **London**, *L'Appel de la forêt*
- **Maupassant**, *Boule de suif*
- **Maupassant**, *Le Horla*
- **Maupassant**, *Une vie*
- **Molière**, *Amphitryon*
- **Molière**, *Dom Juan*
- **Molière**, *L'Avare*
- **Molière**, *Le Malade imaginaire*
- **Molière**, *Le Tartuffe*
- **Molière**, *Les Fourberies de Scapin*
- **Musset**, *Les Caprices de Marianne*
- **Musset**, *Lorenzaccio*
- **Musset**, *On ne badine pas avec l'amour*
- **Perec**, *La Disparition*
- **Perec**, *Les Choses*
- **Perrault**, *Contes*
- **Prévert**, *Paroles*
- **Prévost**, *Manon Lescaut*
- **Proust**, *À l'ombre des jeunes filles en fleurs*
- **Proust**, *Albertine disparue*
- **Proust**, *Du côté de chez Swann*
- **Proust**, *Le Côté de Guermantes*
- **Proust**, *Le Temps retrouvé*
- **Proust**, *Sodome et Gomorrhe*
- **Proust**, *Un amour de Swann*
- **Queneau**, *Exercices de style*
- **Quignard**, *Tous les matins du monde*
- **Rabelais**, *Gargantua*
- **Rabelais**, *Pantagruel*

- **Racine**, *Andromaque*
- **Racine**, *Bérénice*
- **Racine**, *Britannicus*
- **Racine**, *Phèdre*
- **Renard**, *Poil de carotte*
- **Rimbaud**, *Une saison en enfer*
- **Sagan**, *Bonjour tristesse*
- **Saint-Exupéry**, *Le Petit Prince*
- **Sarraute**, *Enfance*
- **Sarraute**, *Tropismes*
- **Sartre**, *Huis clos*
- **Sartre**, *La Nausée*
- **Senghor**, *La Belle histoire de Leuk-le-lièvre*
- **Shakespeare**, *Roméo et Juliette*
- **Steinbeck**, *Les Raisins de la colère*
- **Stendhal**, *La Chartreuse de Parme*
- **Stendhal**, *Le Rouge et le Noir*
- **Verlaine**, *Romances sans paroles*
- **Verne**, *Une ville flottante*
- **Verne**, *Voyage au centre de la Terre*
- **Vian**, *L'Arrache-cœur*
- **Vian**, *L'Écume des jours*
- **Voltaire**, *Candide*
- **Voltaire**, *Micromégas*
- **Zola**, *Au Bonheur des Dames*
- **Zola**, *Germinal*
- **Zola**, *L'Argent*
- **Zola**, *L'Assommoir*
- **Zola**, *La Bête humaine*
- **Zola**, *Nana*
- **Zola**, *Pot-Bouille*